F. PREVOST ET P. PECQUET.

LE

BLOCUS AMÉRICAIN

(DROIT DES NEUTRES)

2ᵉ ÉDITION

revue et augmentée

PARIS

CASTEL, LIBRAIRE-ÉDITEUR,

PASSAGE DE L'OPÉRA, GALERIE DE L'HORLOGE.

1862

LE BLOCUS AMÉRICAIN

F. PREVOST ET P. PECQUET.

LE

BLOCUS AMÉRICAIN

DROIT DES NEUTRES

2ᵉ ÉDITION

REVUE ET AUGMENTÉE

PARIS

CASTEL, LIBRAIRE-ÉDITEUR

PASSAGE DE L'OPÉRA, GALERIE DE L'HORLOGE.

1862

Avertissement relatif à la 2ᵉ édition.

Depuis que cet opuscule a paru pour la première fois (novembre 1861), de graves événements se sont accomplis. Les uns, tels que l'enlèvement de MM. Slidell et Mason à bord du steamer anglais *Trent*, ont eu assez de retentissement pour faire momentanément une diversion éclatante à la question qui fait l'objet de cette étude, mais ils n'en ont point modifié la portée et le caractère, ni diminué l'importance. Aujourd'hui que le calme a succédé à l'orage, à la suite de la réparation légitime donnée à l'Angleterre par le cabinet de Washington, les circonstances sont ce qu'elles étaient avant le conflit anglo-américain ; le problème du blocus reste toujours à résoudre pratiquement ; car l'incident du *San-Jacinto* n'a pas fait avancer d'un pas vers la solution que, pendant un instant, l'on avait cru trouver dans le règlement des difficultés qu'il avait soulevées. Ces considérations expliquent comment la réédition de ce travail répond encore aujourd'hui à la même situation qu'à l'époque où il a vu le jour. La question à vider est entière.

Paris, mars 1862.

BLOCUS AMÉRICAIN

DROIT DES NEUTRES

I

Nous ne sommes plus à l'époque où l'esprit public, encore peu développé, pouvait avoir des doutes sur l'obligation générale, basée sur la nécessité, qu'ont les nations de commercer ensemble; l'inégalité de la production, l'abondance de tel produit dans telle contrée, et de tel autre ailleurs, tous ces motifs, développés autrefois par les auteurs, sont aujourd'hui rendus palpables pour tous; ce résultat s'explique par la facilité plus grande apportée aux échanges, la multiplicité et l'extension des relations favorisées par une locomotion plus rapide, l'adoucissement des mœurs et l'apaisement graduel des rivalités de nations. Aussi aurait-on quelque peine à comprendre, de nos jours, l'apparition de l'ouvrage *de Mari libero*, de Grotius, démontrant une vérité devenue indiscutable, et encore moins de l'ouvrage de Selden, *Mare clausum*, cherchant à justifier, au moyen de paradoxes, l'abus de la force contre le droit.

Il est hors de doute, maintenant, que la liberté du commerce maritime doit être proclamée. Cette liberté ne peut recevoir d'atteinte que par son existence même, « qui s'oppose à ce qu'une nation puisse en forcer une autre à s'accommoder de ses marchandises et à en souffrir l'importation (1). »

Les ordres du souverain, à cet égard, sont exécutoires pour ses sujets, et, par suite, pour les étrangers qui ne peuvent, au mépris de cette défense, persister à commercer avec eux.

____

(1) Dupin. *Dissertation sur le domaine des mers.* Paris, 1811.

Jusque-là, point de difficulté; mais une question plus délicate consiste à savoir si le pouvoir de ce même souverain lui donne le droit de troubler le commerce des nations étrangères entre elles, soit par des lois ou des mesures prohibitives, soit par la force des armes.

Nous verrons quelle solution cette question a reçue dans la pratique, en nous occupant des objets de négoce qui peuvent être placés sous la désignation de contrebande de guerre.

Il est enfin une autre question plus délicate encore, et à laquelle les événements qui se déroulent dans l'Amérique du Nord donnent actuellement un puissant intérêt; c'est celle de savoir jusqu'où s'étend, en ce qui touche les neutres, le droit d'investissement par l'un des belligérants d'une place, d'un port, et même du littoral de l'autre belligérant. Nous étudierons, en l'examinant de près, la situation qui doit leur être faite, et ce que permettent d'espérer les principes proclamés par le droit des gens et la justice, pour maintenir et faire respecter les droits des neutres.

II

Si nous résumons les auteurs qui ont savamment disserté sur cet important sujet, nous pouvons dire que la neutralité consiste à ne fournir librement à un des belligérants ni troupes, ni armes, ni munitions, ni rien de ce qui sert directement à la guerre.

Mais la neutralité n'ôte point à la nation neutre la liberté dans ses négociations, dans ses liaisons d'amitié et dans son commerce avec l'un des peuples belligérants; il suffit que cette nation soit guidée dans sa conduite par le plus grand bien de l'Etat; et lorsqu'elle se laisse aller à des préférences qui n'ont pas d'autres motifs, pour des choses dont chacun dispose librement, elle ne fait qu'user de son droit. Vattel estime même qu'une nation neutre peut prêter de l'argent à intérêt à un des belligérants, sans que l'autre ait à se plaindre d'une violation de la neutralité; sa plainte n'aurait de fondement que si le prêteur n'exigeait pas d'intérêt, ou si le prêt était fait manifestement à l'autre belligérant pour le mettre en cas d'attaquer.

On comprend combien cette matière est délicate, et on se rend facilement compte de la divergence d'opinions qu'a pu faire naître la diversité des intérêts contradictoires engagés dans les questions de cette nature, et pour ainsi dire à chaque cas qui se présente. Aussi a-t-on coutume d'observer quelques règles qui, jusqu'à la déclaration du Congrès de Paris, en 1856, ont formé la base du droit généralement adoptée en Europe et dans les pays civilisés.

Il s'agit d'abord de distinguer avec soin les marchandises communes de celles qui servent particulièrement à la guerre; le commerce qui a pour objet les marchandises communes, doit être entièrement libre aux nations neutres ; car les puissances belligérantes n'ont aucun motif légitime d'empêcher l'exercice de ce genre de commerce. Vattel cite, à l'appui de cette opinion, un exemple bon à noter : « L'Angleterre et les Provinces-Unies, dit-il, étant convenues, le 22 août 1689, par le traité de Wittehal, de notifier à tous les États qui n'étaient pas en guerre avec la France, qu'elles attaqueraient, et qu'elles déclaraient d'avance de bonne prise, tout vaisseau destiné pour un des ports de ce royaume, *ou qui en sortirait*, la Suède et le Danemark, sur qui on avait fait quelques prises, se liguèrent, le 17 mars 1693, pour soutenir leurs droits et se procurer une juste satisfaction. Les deux puissances maritimes, reconnaissant que les plaintes des deux couronnes étaient bien fondées, leur firent justice. »

Que serait-il arrivé en cas de refus de la satisfaction requise? La guerre, sans doute, cette *ultima ratio* des conflits et des discussions politiques.

III

Les autres marchandises (celles qui servent particulièrement à la guerre) sont désignées sous le nom de *marchandises de contrebande*; mais il est à regretter que leur nomenclature, variable suivant les époques, et même suivant les lieux, n'ait pas encore acquis aujourd'hui un degré de fixité, très désirable pour les intérêts commerciaux de toutes les nations. Pourtant on y classe généralement les armes, les munitions, les bois de construction, cordages et agrès propres à la marine; on y ajoute aussi les vivres, les chevaux, le salpêtre, le soufre; mais ce qui domine dans cette classification incomplète, c'est l'incertitude et l'absence de règles suffisamment définies; ainsi, à une époque rapprochée de nous, on a prétendu ranger la *houille* parmi les objets de *contrebande*, tandis qu'il y a deux siècles un grand citoyen, animé des sentiments les plus humains et les plus élevés, Jean de Witt, le Grand-Pensionnaire de Hollande, reconnaissait (1) qu'il serait contraire au droit des gens de vouloir empêcher des nations neutres de porter même du *blé* dans les pays ennemis.

IV

Suivant Lampredi (2), on voit, en jetant un regard sur l'état qui a précédé la distinction entre les marchandises de *contrebande de guerre* et celle

(1) *Lettre* du 14 janvier 1654.

(2) *Du Commerce des neutres.* (Traduction de Jacques Peuchet. Paris, 1802.)

qui ne peuvent être considérées comme telles, que « le droit des belligérants pouvait s'accroître d'une manière démesurée, au détriment de celu
des neutres, du moment que, prenant sa source dans la nécessité de
la défense, les intéressés étaient eux-mêmes juges de cette nécessité ; ils
pouvaient, en effet, ou méchamment ou même par erreur, se dire obligés,
pour leur sûreté, d'arrêter, non-seulement le transport d'armes ou de
vivres, mais encore de *toutes autres marchandises ; réduire ainsi à la détresse et à la misère les peuples neutres* ou les entraîner dans les calamités
de la guerre, parce que, n'y ayant point de moyen d'appeler des faux
jugements que les belligérants porteraient dans leur propre cause, il fallait
s'y soumettre, en élevant tout au plus quelques plaintes inutiles, ou leur
apprendre à raisonner plus juste et à ne point offenser le droit des autres
par l'abus de la force et des armes. »

Le même auteur va plus loin ; il pense, avec raison, qu'en consultant la
justice naturelle, c'est-à-dire le droit primitif et général des nations, les
belligérants ne doivent avoir d'autres droits que celui d'empêcher simplement, *lorsque la nécessité l'exige*, le transport des marchandises propres à
augmenter ou conserver les forces de l'ennemi, *en indemnisant* les neutres
des pertes qui peuvent résulter pour eux de ces retards. « Tous les dom-
mages (1) causés aux autres pour nous garantir de plus grands, nous
obligent à une juste compensation lorsque nous le pourrons. La certitude
que nous avons de pouvoir effectuer cette compensation ou indemnité jus-
tifie certaines démarches *qui, sans cela, seraient condamnables.* »

V

Les États-Unis, qui, sous prétexte de blocus, paraissent méconnaître aujourd'hui ces sages principes, avaient eu, en d'autres temps, la bonne for-
tune de concourir à leur application ; on les trouve proclamés dans leur traité
conclu avec la Prusse le 10 septembre 1785 ; « ce traité, dit de Martens (2),
est mémorable et singulier dans les articles touchant la *neutralité*, la
guerre commune et la rupture. Pour le premier cas, il porte que la *contrebande même* ne sera pas confisquée, mais seulement détenue et *payée*, et
les reprises toujours restituées, etc..... »

Cette facilité avec laquelle les États-Unis admettaient alors les conditions les plus libérales et les plus conformes à l'équité, se révèle d'ailleurs
par plus d'un exemple ; dans leur traité du 6 février 1778 avec la France,
il est stipulé « que toutes matières qui n'ont pas la forme d'un instrument
propre pour la guerre, par terre comme par mer, ne sont pas réputées de

(1) Hutcheson. *Système de philosophie morale*, liv. 2, chap. 18.

(2) *Cours diplomatique*, t, 3. Berlin, Auguste Mylius, 1801.

contrebande. » Cette clause est corroborée par le traité du 8 octobre 1782, avec cette addition importante, que « les marchandises qui ne sont pas spécifiées expressément ne seront point réputées marchandises de contrebande, *ni à la lettre, ni selon quelque interprétation prétendue qu'on pourrait y donner.* »

Il serait triste de supposer qu'une pensée égoïste dirigeait alors exclusivement dans cette ligne la politique des États-Unis, afin d'attirer sur leur république naissante les faveurs et la protection des puissances européennes; mais il est consolant de pouvoir leur attribuer des motifs plus nobles, quand on se rappelle la juste renommée et les hautes qualités des hommes qui présidèrent aux premiers pas de l'Union américaine.

VI

L'ancien droit généralement adopté relativement au commerce des neutres, reconnaît la liberté de ce commerce, sauf pour les places assiégées, bloquées ou investies. — Sous l'empire de ce droit, qu'entendait-on, et qu'entend-on encore aujourd'hui, par ces expressions : *places bloquées, assiégées, investies?*

« Le *port bloqué* est celui dont toutes les sorties et toutes les entrées sont occupées et rigoureusement gardées par des vaisseaux de guerre, de façon à ce qu'on ne puisse ni entrer ni sortir *sans être pris.* » (1)

Les mots ne laissent pas de prise à l'équivoque; on n'entre pas dans un port bloqué, on n'en sort pas; toutes les issues sont rigoureusement gardées et occupées; si l'on se présente pour pénétrer de force ou de ruse dans le port, il faut qu'on soit pris. Sans cela le blocus n'est pas effectif.

Voyons maintenant dans quelles conditions peut s'établir un blocus : « Le droit des gens permet de soumettre au blocus les places fortes seulement; et c'est pour cela qu'il ne devrait pas être applicable aux villes, aux ports de commerce non fortifiés, aux rades et aux embouchures de fleuves non défendues. En droit, personne ne peut déclarer bloqué un lieu où il n'existe pas de fortifications, où n'*habite* pas l'ennemi, et où il n'y a point de bâtiments de guerre. On a vu, dans les dernières guerres, les nations les plus civilisées donner l'exemple de ce *monstrueux abus.* » (2)

Enfin, le Congrès de Paris, dans sa déclaration du 16 avril 1856, muette également à l'égard de la classification des objets de contrebande de guerre, proclame les principes suivants :

« 1° La course est et demeure abolie.

---

(1) Bourdet. *Manuel des marins.*

(2) *Principes du droit public maritime,* par le comte F. Lucchesi-Palli. Traduit de l'italien par Arm. de Galiani. Paris, Leneveu, 1842.

» 2° Le pavillon neutre couvre la marchandise ennemie, à l'exception de la *contrebande de guerre*.

» 3° La marchandise neutre, à l'exception de la *contrebande de guerre*, n'est pas saisissable sous pavillon ennemi.

» 4° Les blocus, pour être obligatoires, doivent être effectifs, c'est-à-dire *maintenus* par une force suffisante (1) pour interdire *réellement* l'accès du *littoral* ennemi. »

Quelque vague que paraisse la rédaction du quatrième paragraphe, il est certain que le Congrès de Paris n'a pas entendu rétrécir le droit des neutres, mais qu'il a voulu, bien au contraire, lui donner des garanties plus larges et mieux définies que par le passé.

En proscrivant les blocus généraux, comme l'indique le mot de *littoral* employé au lieu de *port*, il n'a pas pu vouloir qu'on considérât comme valable ou obligatoire une interdiction dont une simple croisière ferait une sorte de blocus intermittent, transformant ainsi une marine de guerre en flottille de corsaires; — il a voulu que le blocus fût *maintenu*, c'est-à-dire permanent, pour interdire *réellement*, sur place, l'accès du *littoral* et dans les eaux même de ce littoral, puisqu'il déclare la course abolie.

L'interprétation contraire ne favoriserait en rien le commerce des neutres; elle irait contre le résultat vers lequel a tendu le Congrès de Paris dans sa déclaration du 16 avril.

VII

Il est de principe que, dans une république, quand la nation se divise en deux fractions opposées et qu'on en vient aux armes, c'est une guerre civile qui a pour effet de rompre les liens de la société et du gouvernement, et de donner naissance à deux partis indépendants, ne reconnaissant aucun juge commun, et devant être, par conséquent, considérés comme deux peuples différents. Ces deux peuples ont l'obligation d'observer les lois communes de la guerre; quant à la conduite que doivent tenir envers eux les nations étrangères, elle est de diverse nature, suivant qu'elles sont, ou non, liées par des traités avec la nation en proie à la guerre civile. Si elles restent neutres, les règles de la neutralité doivent lui profiter en tout état de cause; mais les alliés mêmes de l'État où s'est déclaré la guerre civile peuvent assister le parti qui leur paraît avoir le bon droit de son côté : leur règle de conduite leur sera tracée par les circonstances, car ils seront libres ou de rester neutres, ou d'épouser la querelle de telle ou telle fraction opposée, comme s'il s'agissait de deux nations séparées.

(1) Les emp[illegible]ements ne figurent pas, évidemment, sous cette désignation « force suffisante; » on doit par ces mots comprendre des « vaisseaux de guerre » ainsi que l'indique la définition, citée plus haut, de Bourdel.

Le principe de non-intervention, qui tend à prévaloir de nos jours, se trouverait en contradiction avec cette ancienne doctrine, quoiqu'il soit toujours loisible à une nation d'intervenir, à ses risques et périls, dans les affaires intérieures d'un pays où éclate la guerre civile.

Mais en ce qui touche les États-Unis, cette distinction est indifférente ; car il ne s'agit pas, dans la querelle qui les divise, d'une guerre civile proprement dite : c'est la désunion, la rupture d'une fédération librement consentie par des États souverains, n'ayant jamais aliéné leur indépendance, régis chacun par un gouvernement séparé, et n'ayant accepté le lien fédéral que sous des restrictions et avec des réserves parfaitement établies.

Cette situation particulière a pu, dans les premiers temps de la sécession, faire l'objet d'une équivoque et n'être pas comprise, surtout en Europe où les institutions politiques sont toutes différentes ; mais elle n'es plus discutée ; il est admis, sous peine de dispute puérile, que chaque État est souverain ou indépendant.

Au nombre des arguments à l'appui de cette thèse, une publication récente (1) contient les lignes suivantes .

« Instruits par l'expérience, ces divers États, craignant de se donner un nouveau maître en adoptant ce Gouvernement fédéral sans réserve aucune, prirent soin, pour éviter toute interprétation équivoque, d'expliquer la Constitution qu'ils allaient signer, et déclarèrent : « que les différents
» États d'Amérique ne s'unissaient point pour se mettre, en principe,
» en soumission illimitée vis-à-vis du Gouvernement fédéral (2) ; mais
» que, par le pacte dénommé *Constitution des États-Unis* et susceptible
» d'être amendé, ils constituaient un gouvernement général dans un but
» expressément déterminé, auquel ils *déléguaient* certains pouvoirs exac-
» tement définis, tout en réservant à chaque État tous les autres droits de
» *souveraineté* non délégués par la Constitution ; que toutes les fois que le
» Gouvernement fédéral s'arrogerait des pouvoirs autres que ceux qui
» lui sont spécialement délégués, ses actes seraient nuls et non avenus ;
» que le Gouvernement fédéral, créé par ce pacte, *ne serait en aucun cas*
» *le juge de l'étendue de ces pouvoirs*, mais que, comme dans toutes les
» Confédérations entre *États souverains n'ayant pas de juge commun*,
» chaque État se réservait un droit égal de juger les infractions au pacte
» et de les redresser. »

Aussi, dans une circulaire aux Chambres de commerce, que l'on trouvera plus loin, M. le Ministre du commerce parle-t-il des combattants de l'Amérique du Nord comme de « *deux peuples,* » de « *deux belligérants à qui l'on n'entend pas dénier ce caractère.* »

La Cour, siégeant à New-York, vient de déclarer elle-même, pour repousser une exception produite devant elle par les propriétaires d'un na-

(1) *La Révolution américaine dévoilée.* Paris, Dentu, 1861.
(2) Loi de la Virginie. 26 juin 1788.

vire anglais (1) capturé que, « la guerre actuelle constitue une situation en
» tout analogue à une guerre étrangère, etc. »

Il s'agit donc bien d'une guerre de nation à nation.

VIII

Tels sont les principes généraux de droit public international. Il nous
reste à examiner comment, à propos des événements actuels, l'Europe doit
les appliquer à l'Amérique du Nord, dans le conflit qui divise les États-
Unis restés attachés à l'Union, et les États-Confédérés qui ont déclaré s'en
détacher et s'en séparer.

IX

La Chambre de commerce du Havre a adressé à Son Exc. le Ministre du
commerce une pétition sur la situation faite au commerce français par la
question qui nous occupe : « Des traités d'alliance et de commerce entre
les États-Unis et l'Europe ont été approuvés, ratifiés, consentis; ils exis-
tent virtuellement encore. En vertu de ces traités, nos commerçants, nos
industriels ont fait et passé des marchés, ont armé des navires, contracté
nombre d'engagements, et l'objet de ces contrats leur manque par suite
d'un blocus équivalent à une rupture violente des États-Unis avec les
États européens. Neutres, comme nous le sommes, comme nous devons
l'être, dans leurs conflits intérieurs, nous faisons appel à notre gouvernement pour réclamer sa protection, le rappel à la lettre des traités, et *pourvu
que la contrebande de guerre n'entre pour rien dans nos chargements*, nous
estimons que les ports des États du Sud, détenteurs des produits qui ont
cessé d'être portés sur les marchés du Nord, produits dont ont besoin nos
greniers et nos filatures, doivent être rouverts, rendus à notre libre
pratique. »

Ce langage, dit le *Progrès international*, fut parfaitement écouté, et la
réponse du Ministre restera au nombre des documents diplomatiques à
consulter. « Tout Etat, a dit Son Excellence, est maître chez lui, son propre
juge et dispensateur des ressources et moyens qu'il croit devoir employer
pour sa défense et pour ses intérêts; les étrangers, les neutres n'ont aucun droit à s'immiscer dans les mesures de gouvernement intérieur,
quelles qu'elles puissent être, et la France, toute prépondérante qu'elle est

____

(1) Le *Hiawatha*.

dans la balance des grands pouvoirs, ne saurait justement intervenir dans les questions qui se débattent en Amérique, et ne peut qu'aborder des voies de simples représentations. »

Une représentation! c'est déjà quelque chose, et cela a bien son importance ; mais la pensée de Son Excellence le Ministre du commerce se trouve plus développée dans une note jointe à une circulaire adressée par lui le 10 septembre dernier aux Chambres de commerce, et contenant « quelques explications concertées avec le département des affaires étrangères, et qui font connaître les limites dans lesquelles le commerce a » droit de compter sur la protection du Gouvernement impérial. »

En voici quelques passages :

« En veillant au respect des immunités que le droit moderne a mainte-
» nant heureusement consacrées en faveur des neutres, nous ne pouvons
» prétendre les soustraire à toutes les conséquences qu'entraîne d'ordinaire
» pour les autres nations la lutte armée de *deux peuples*. Du moment que
» nous sommes en présence de *deux belligérants* à qui nous n'entendons
» pas dénier ce caractère, nous nous trouvons dans l'obligation de leur re-
» connaître tous les droits que la guerre confère, d'après les règles interna-
» tionales, à ceux qui la font. Nous ne pouvons, par conséquent, contester
» à aucun des deux le droit de nuire à l'autre par tous les moyens *légi-*
» *times* et *directs* qui dépendent de lui, tel que celui qui consiste à s'em-
» parer de ses possessions, à assiéger ses villes, à bloquer ses ports.
» L'exercice du droit de blocus a pour conséquence naturelle d'interdire
» l'accès des lieux bloqués aux autres puissances ; il est incontestable que
celles-ci ont à souffrir de cette interruption apportée à leurs relations
» habituelles de commerce ; mais elles ne sauraient être fondées à réclamer,
» car elles ne sont atteintes par là qu'*indirectement*, et il n'est mis d'en-
trave à la liberté de navigation à laquelle elles peuvent prétendre en
» qualité de neutres *que là où cette liberté rendrait absolument inefficaces*
les opérations militaires légitimes entre les belligérants par la loi des
» nations.
» L'admission par toutes les puissances de ce principe, que *le blocus doit,*
» *d'ailleurs, être effectif pour être obligatoire*, a remédié à l'abus qu'on a
» fait, à d'autres époques, du droit d'écarter les neutres des points qu'on
» déclarait bloqués. *L'efficacité du blocus est pour tout le monde, au-*
» *jourd'hui, la condition essentielle de sa validité.* Mais dès qu'il y a sur
» les lieux dont un belligérant veut interdire l'entrée, des forces suffisantes
» pour empêcher qu'on n'en approche sans s'exposer à un danger certain,
» le neutre est contraint, quelque préjudice qu'il éprouve, de respecter le
» blocus...
»…. Il est vrai qu'un belligérant ne peut employer, pour nuire à son
» ennemi, *aucun moyen qui frappe directement les peuples restés étrangers*
» *à la lutte*; il n'en est pas moins constant que ces derniers ont toujours à

» supporter les conséquences indirectes de la perturbation résultant de l
» guerre.... »

On ne peut qu'applaudir aux principes proclamés dans ce document ; la situation qu'il définit étant une fois donnée, on en comprend l'application : mais cette situation résulte évidemment de circonstances diverses, de faits sujets à interprétation, et qui peuvent, selon qu'on les envisage, placer les neutres vis-à-vis des belligérants dans des conditions très différentes. La question examinée au point de vue de S. Exc. le Ministre du commerce peut se résumer ainsi :

1° L'un des belligérants emploie-t-il à l'égard de son ennemi des moyens qui frappent directement les peuples étrangers à la lutte ?

2° La liberté de navigation réclamée par les neutres rendrait-elle absolument inefficaces les opérations militaires légitimes entre les belligérants ?

3° La marine fédérale offre-t-elle une force suffisante pour donner au blocus des ports des États-Confédérés l'efficacité, condition essentielle de sa validité ?

X

Quelques détails sont nécessaires pour répondre à la première question : Il faut, en effet, démontrer que, loin de se borner à l'interruption momentanée des relations commerciales ordinaires, le maintien du blocus des ports du Sud aurait pour les neutres des conséquences dont la gravité est l'objet de la préoccupation générale, car elles sont de nature à jeter dans le travail, en France et en Angleterre, une perturbation déplorable et indéfinie.

Les relations entre la France et les États-Confédérés sont de deux sortes. Elle fournit, par l'exportation d'un certain nombre de ses produits, aux besoins de ces États ; elle reçoit d'eux, en échange, des matières premières nécessaires au travail de son industrie et livrées par elle à la consommation des classes ouvrières.

Ainsi, Lyon envoie ses soieries ; Le Puy, Bayeux, Nancy, Chantilly, leurs dentelles ; Saint-Étienne, ses rubans et ses passementeries ; Elbeuf, Sedan, et autres places, leurs draps ; Limoges, ses produits céramiques ; Cognac, ses eaux-de-vie ; Rouen, Mulhouse, Lille, etc., les indiennes, rouenneries et toiles peintes ; Grenoble, sa ganterie ; Bordeaux, ses vins ; Paris, ses modes, ses confections et les mille produits de son industrieuse fabrication.

Sont-ce là des marchandises qui puissent effrayer la plus ombrageuse défiance, et peut-on les accuser de recéler dans leurs colis inoffensifs de la contrebande de guerre ? Et la prohibition de fait qui les frappe n'atteint-elle pas plus directement le commerce d'un peuple resté neutre, que le belligérant auquel il n'y aurait aucun danger à les laisser parvenir ?

En 1859, la fabrique lyonnaise représentait une production de près de

640 millions de francs, dont les trois quarts ont été livrés à l'exportation, soit environ 500 millions. Dans ce chiffre, les États-Unis figurent pour 138 millions et les autres États américains pour 40 millions, ce qui fait, pour l'Amérique, 178 millions de francs, près des 2/5 de l'exportation totale.

Voilà une des industries frappées directement, on ne saurait le nier, par le prétendu blocus américain.

Quels résultats constate-t-on à la suite de cette mesure désastreuse ? « La crise qui pèse sur notre principale industrie, dit le *Courrier de Lyon*, s'est naturellement traduite par un accroissement dans les opérations de prêts sur gages du mont-de-piété de Lyon. Du 1er janvier au 30 juin dernier, les prêts se sont élevés au nombre de 114,003, représentant une somme de 1 million 860,807 francs, d'où il résulterait pour l'année entière une évaluation de 228,006 engagements et de 3 millions 721,614 francs en argent avancé. Ces chiffres sont énormes et dépassent ceux des années les plus calamiteuses. »

Les États-Unis prennent annuellement pour 36 millions de francs de rubans à Saint-Étienne et pour 14 millions à Bâle. « L'industrie rubanière (1) occupe à Saint-Étienne et dans son rayon 300 fabricants, 10,000 chefs d'ateliers, 12,000 ouvriers rubaniers, 35,000 à 40,000 autres ouvriers ; elle dispose de 25,000 métiers et produit pour 100 millions. » Si l'on considère que la mode, en France, n'adopte pas, en ce moment, les ornements en rubans, on peut apprécier combien la crise américaine pèse encore plus lourdement sur la place, puisque son marché absorbe habituellement le tiers de la fabrication stéphanoise.

N'est-ce pas une atteinte directe ? La privation d'un objet de luxe dont souffriront les États du Sud par suite de l'interruption des relations commerciales, peut-elle être sérieusement comparée à la détresse qui en résulte pour l'ouvrier français privé de travail ?

« L'exportation des vins et eaux-de-vie à destination des États-Unis est devenue à peu près nulle (2); de 25,489 hectolitres de vins, et de 3,962 hectolitres d'alcool, pour le mois de septembre 1860, elle est tombée à 2,966 hectolitres de vins, et au chiffre minime de 172 hectolitres d'alcool pour septembre 1861. »

Il serait malheureusement trop facile de poursuivre ce calcul affligeant et de supputer jusqu'au dernier centime le chiffre énorme des pertes infligées à l'industrie française par la mesure injustifiable qui lui ferme l'accès des ports du Sud (3).

(1) Natalis Rondot. *Rapport sur l'industrie des soies et des soieries.* 8 octobre 1860.

(2) *Constitutionnel* du 22 octobre 1861.

(3) Il y a, à l'heure actuelle, disette absolue dans les États-Confédérés de tous les produits français. Or, la différence énorme entre les tarifs protecteurs du Nord et les tarifs simplement fiscaux du Sud, établirait bien vite un courant fructueux et direct entre le Sud et l'Europe. C'est une habitude à prendre pour gagner, outre la différence des droits de douane, la commission encaissée jusqu'à ce jour par le commerce de New-York.

XI

Ses effets désastreux ne se bornent pas aux branches de notre industrie qui portent leurs produits sur les marchés américains, ils menacent non moins sérieusement de tarir la source de matières premières indispensables à nos manufactures. En première ligne, nous nommerons le coton. Quand on prévoit les maux que peut entraîner à sa suite la disette de cet agent si précieux de notre travail, on doit répudier, avec Lampredi, les mesures qui, en arrêtant les marchandises autres que celles de contrebande, semblent destinées à « *réduire à la détresse et à la misère les peuples neutres.* »

Cette disette est imminente ; nous consommons annuellement, pour les besoins de nos manufactures, environ sept cent mille balles, et les statistiques officielles nous montrent que du 10 septembre au 10 octobre de cette année, il n'est entré dans les ports du Havre, de Marseille, de Nantes et de Bordeaux réunis, et de provenances diverses, que 1,911 balles de coton, ce qui ferait pour l'année un approvisionnement de 22,932 balles, lorsque nos besoins s'élèvent, disons-nous, à 700,000.

D'après les calculs d'un des hommes les plus compétents en cette matière, M. Alcan, on compte actuellement en France une moyenne de 5,500,000 broches dans les filatures de coton, et le tissage comprend 120,000 métiers ; 130 à 140.000 ouvriers sont directement employés à cette fabrication.

En y ajoutant, dans la même proportion qu'en Angleterre, le nombre des personnes vivant indirectement de cette industrie, soit 1,350,000, on arrive à reconnaître qu'il y a en France environ 1,500,000 individus, hommes, femmes et enfants, qui trouvent directement ou indirectement leur salaire quotidien dans cette industrie.

Ce ne sont pas là des hypothèses et des conjectures, c'est la réalité.

Nous lisons dans un journal spécial (1) :

« Les fabriques de coton de Manchester et des autres villes du district ont réduit le nombre des journées de travail à trois par semaine. La rapide diminution du stock à Liverpool a rendu cette mesure des plus nécessaires. Il importe, en effet, de faire durer aussi longtemps que possible la quantité de matière première indispensable aux fabriques de coton et dont on ne saurait encore prévoir le renouvellement. Nous ne doutons pas que nos fabricants suivent cet exemple ; leurs meilleurs intérêts les y convient et la prudence la plus vulgaire leur en fait une loi. »

Tout cela est fort bien comme expédient transitoire ; mais combien de

(1) *L'Avenir commercial.* 29 septembre 1861.

temps cela durera-t-il (1)? Jusqu'à quelle époque peut-on espérer de donner même trois jours de travail? Le *stock* ne diminue-t-il pas chaque semaine? Et d'ailleurs, ne mange-t-on que trois jours par semaine? A moins qu'on ne paie aussi les jours de chômage, et dans ce cas à quelle hausse les prix de vente n'arriveront-ils pas? La position des consommateurs est-elle si prospère qu'ils puissent être insensibles à l'élévation de ces prix? Et puis, au bout de l'expédient, qu'y a-t-il, sinon la disparition du produit en même temps que la cessation complète du travail?

En Angleterre, cette industrie est, en chiffres, bien plus considérable qu'en France.

Si l'on s'en rapporte aux renseignements recueillis par M. Jean Dollfus, filateur et tisseur à Dornach (Haut-Rhin), voici quelques détails sur la consommation du coton en Angleterre :

En 1859, la consommation anglaise a pris 43,450 balles de coton par semaine, soit 2,259,400 balles pour une année.

Depuis le 1er août 1858 jusqu'au 1er août 1859, il a été exporté pour l'Angleterre 2,532,000,000 de yards d'étoffes, pour une valeur de 36,077,289 livres sterling, ou 902 millions de francs, *dont plus de la moitié pour l'Inde.*

En fils de coton, l'Angleterre a exporté 194,000,000 de livres, *dont 44 millions pour l'Inde*, pour une valeur de 9,474,756 livres sterling ou 236,000,000 de francs.

De tous les cotons produits, l'Angleterre file 49 0/0. De cette production, 70 0/0 s'exportent et 30 0/0 sont consommés dans le pays.

La consommation du coton a augmenté de 57 0/0 en treize ans, soit de 4 à 4 1/3 p. 0/0 par an; pendant ce temps, loin que l'augmentation de la consommation en Angleterre fût nuisible à la manufacture française, notre industrie participait à l'augmentation pour 1 1/2 p. 0/0 par an, environ.

Un autre document nous fournit, à ce sujet, des détails non moins intéressants :

« En Angleterre, on évaluait (2), il y a trois ans, à 33 millions le nombre de broches employées à la filature du coton, et à 300,000 le nombre des métiers mécaniques.

(1) « Les nouvelles des districts manufacturiers de coton, en Angleterre, accusent un ralentissement de plus en plus considérable et beaucoup d'inquiétude pour l'avenir. Le prix de la matière première est environ maintenant d'un shilling la livre, soit à peu près le double de ce qu'il était il y a douze mois. L'incertitude sur ce qu'on pourra tirer de la prochaine récolte d'Amérique augmente. Sans ajouter foi à des prédictions exagérées, on peut dire que les manufactures de coton, en Angleterre, sont très frappées, et que presque toutes les fabriques, dans le Royaume-Uni, ne travaillent plus maintenant qu'à perte. »

(*Moniteur universel* du 23 octobre 1861.)

(2) Déposition des délégués de la Chambre de commerce de Glasgow et des membres du Comité consultatif de la Chambre de commerce de Manchester devant le Conseil supérieur, etc...

(Enquête sur le Traité de commerce avec l'Angleterre.)

» En 1859, on a consommé 442,976,000 kilogrammes de coton.

» Le nombre des ouvriers employés directement dans cette fabrication est de plus de 400,000, et celui des personnes employées directement ou indirectement dans cette industrie peut s'estimer à 4 millions.

» Il y a un siècle, le Lancashire avait 300,000 habitants; maintenant, il en a plus de 2,300,000. On peut attribuer cette augmentation extraordinaire au développement de l'industrie cotonnière; et la prospérité qui en est résultée pour la population se comprend facilement, quand on vient à songer aux immenses capitaux que cette industrie a mis en mouvement.

» En 1835, le nombre des manufactures de coton était de 1,305. Depuis cette époque jusqu'en 1842, par suite des conditions défavorables de l'industrie cotonnière, un grand nombre de ces usines avaient disparu; il est même très probable qu'en 1842 il y avait moins d'usines qu'en 1835.

» Mais en 1842, le gouvernement anglais adopta les principes du libre-échange, et dès lors, ou plutôt à partir du rappel des lois sur les céréales (*Corn-Laws*) en 1846, le nombre des usines s'est tellement accru, qu'en 1859 on compte 2,600 manufactures, c'est-à-dire que le nombre en a doublé. Quant au nombre de machines et de métiers employés, l'activité commerciale est telle, qu'on estime que le nombre des broches s'accroît actuellement de 45,000 par semaine.

» Une question qui mérite la plus sérieuse attention, c'est l'amélioration de la condition des classes ouvrières qui résulte de ce développement industriel. En 1842, le nombre des ouvriers manquant de travail et de pain était immense; maintenant (1), non-seulement tous les ouvriers ont du travail, mais on manque de bras, et les salaires sont considérablement augmentés (25 à 50 %), bien que le nombre des heures de travail ait été de beaucoup diminué.

» La condition des ouvriers n'a jamais été aussi bonne; l'abondance du travail, la nourriture à bon marché, leur ont permis de se donner un confort et des jouissances que leurs pères n'avaient jamais même rêvés.

» Autrefois l'ouvrier n'avait qu'un seul vêtement, quelque grossier tissu de coton pour ses dimanches et fêtes : maintenant, quand il sort, il a des habits de drap; souvent sa femme porte une robe de soie; mille petits luxes de son ménage dénotent que son goût s'éclaire; ce qui dira plus encore, c'est son désir de s'instruire, qui se traduit par son ardeur à se rendre aux cours que l'on fait à son intention, et à fréquenter les bibliothèques qui lui sont ouvertes. »

Nous pensons, comme les délégués de Glasgow et de Manchester, que ce serait une grave erreur de localiser ces résultats et de ne les inscrire qu'au profit de l'Angleterre; les bienfaits qui résultent du développement de l'industrie cotonnière ne sont pas le privilège exclusif de l'ouvrier anglais et du consommateur anglais: on peut, sans contredit, admettre que le bon marché des tissus de coton a beaucoup contribué au bien-être général·

(1) Ce document porte la date de juillet ou août 1860 ; il est, par conséquent antérieur à la crise résultant des événements américains.

S'il n'en est pas ainsi, comment expliquer alors cette inquiétude qui s'empare des esprits, et la préoccupation qui s'attache à la question d'approvisionnement de nos manufactures ?

XII

Cet effroi redouble quand on cherche vainement les moyens de combler le vide opéré par l'interruption des échanges avec les États du Sud ; et cette impossibilité d'y suppléer contribue précisément à rendre inique, odieuse, intolérable, la prétention du cabinet de Washington de s'opposer à la libre communication entre l'Europe et les ports des États-Confédérés. Voilà bien une mesure qui frappe directement les nations neutres, puisqu'il leur est matériellement impossible de se procurer ailleurs un des éléments les plus importants de leur travail.

Au milieu des incertitudes et des angoisses nées de cette situation anormale, on a mis en avant plusieurs combinaisons dont l'inanité est, hélas ! trop évidente. On a parlé des provisions que la France et l'Angleterre pourraient tirer de l'Inde, de l'Égypte, de l'Algérie ; on est même allé — où n'irait-on pas ? — jusqu'à compter sur la fécondité d'une espèce particulière de poules fantastiques qui, chaque jour, pondent trois œufs, dont la coque serait une matière cotonneuse se filant avec une merveilleuse facilité, et qu'il ne faudrait aller chercher qu'au fond de l'Asie centrale, dans les déserts du Khou-Khou-Noor, avec la permission des Tartares et des Mongols !

Restons dans le domaine des possessions abordables à l'Europe, et voyons ce qu'il faut espérer de ces sources indiquées avec une si confiante présomption.

Est-ce à l'Algérie que la France peut demander les 700,000 balles de coton qui entrent dans sa consommation ? Certes, l'Algérie est une précieuse conquête ! elle indemnisera sans doute plus tard la mère-patrie de ses sacrifices en hommes et en argent ; mais personne, parmi ceux qui l'ont étudiée, ne songerait à lui demander sérieusement aujourd'hui une pareille production. La terre seule ne suffit pas ; il faut encore qu'elle soit appropriée à la culture spéciale qu'on réclamerait d'elle ; il faut des bras, c'est-à-dire une colonisation, et pour cela il est nécessaire que les capitaux métropolitains apprennent la route de notre colonie africaine. Le gouvernement ne se fait pas d'illusion à cet égard. « .... L'Algérie, dit un document officiel (1), est un pays peu connu en France, et sur lequel tant de récits divers ont été faits, tant d'opinions différentes ont été émises, qu'il peut toujours rester dans l'esprit des capitalistes des doutes sur le montant des dépenses d'exécution. Pour s'assurer leur concours, il faut autant que pos-

(1) Exposé des motifs du projet de loi relatif aux chemins de fer algériens.

sible faire disparaître toutes les chances aléatoires d'augmentation de dépense. »

Cela est vrai pour la culture du coton aussi bien que pour la construction des chemins de fer.

La production actuelle est d'ailleurs de peu d'importance en regard des besoins de notre consommation, et nos manufacturiers n'ont pas jusqu'à ce jour poussé, par leur empressement, à l'extension de cette culture. La maison Jean Dollfus achète presque la totalité du coton en laine qui est produit par l'Algérie. « Nous n'avons pas de concurrents dans ces achats, dit son honorable chef (1), et nous en tirons un excellent parti. Les autres ne s'en occupent pas, ne s'en donnent pas la peine. »

Quant à l'Égypte, ses ressources disponibles ont été en partie anéanties par la formidable crue du Nil ; il n'y faut donc pas compter, même exceptionnellement et comme appoint sérieux d'approvisionnement. Comme source permanente, il serait téméraire, dans l'état actuel des choses, de s'en exagérer la valeur. Le Vice-Roi, pressenti à cet égard par des commissaires anglais, a répondu par une demande de capitaux : c'est, comme en Algérie, du temps et de l'argent qu'il faut d'abord.

Reste l'Inde.

Suivant une correspondance anglaise, une étude sérieuse des moyens de production du coton dans les Indes paraît établir d'une manière positive que cette partie des possessions britanniques pourrait suffire à tous les besoins de la fabrique anglaise, si le gouvernement donnait aux planteurs une garantie du maintien des prix actuels, pour offrir une rémunération suffisante à la culture. A ces conditions, l'Empire des Indes pourrait fournir deux millions de balles de coton ; le sacrifice que cette garantie imposerait au gouvernement anglais ne dépasserait pas 8 millions de livres sterling, et ne durerait certainement pas plus de deux ans. M. Samuel Laing, chancelier de l'échiquier aux Indes, devait avoir à cet égard une entrevue avant son départ avec les principaux manufacturiers de Manchester.

Constatons d'abord que la quantité espérée ne suffirait pas aux besoins de la fabrique anglaise. En quoi pourrait-elle alors venir en aide à ceux de la manufacture française ? L'Angleterre peut employer, elle emploie déjà les cotons de l'Inde, qu'elle tire directement de ses possessions en échange de ses produits, au moyen de sa flotte commerciale. La France est-elle placée dans les mêmes conditions ? (2)

L'opinion non contestable de M. Pouyer-Quertier, député au Corps légis-

(1) Déposition devant le Conseil supérieur du commerce.

(2) En supposant, comme le disent les Anglais, que l'Inde leur fournira dans deux ans tout le coton nécessaire à leur consommation et à leur réexportation, quelle serait, d'ailleurs, la situation de la France ? Ne se trouverait-elle pas, pour ses approvisionnements, dans la dépendance des Anglais, sur leur marché ? Il paraît préférable de s'entendre à cet égard avec les États confédérés, qui, en échange de leur matière première, sont nos tributaires pour beaucoup de nos produits.

latif, filateur et tisseur à Rouen, est que la navigation française importe excessivement peu de cotons de l'Inde ; nos relations avec cette contrée n'ont pas permis de développer ce transport d'une manière considérable ; de sorte que, pour les bas numéros, où le coton de Surate et du Bengale entre dans une grande proportion, nous sommes obligés d'aller chercher cette matière à Liverpool.

Cette opinion, basée sur des faits évidents, est partagée par tous les gens spéciaux ; ainsi M. Roy, commissionnaire à Paris, est entièrement du même avis. « Nos fabricants, dit-il (1), et surtout ceux qui font les tissus gros, dits *toiles de coton*, emploient du coton de Surate. Ce coton, dont le grand marché est à Liverpool, ne peut pas nous venir directement de l'Inde, attendu que n'ayant pas de retour à faire de France, il faudrait envoyer des navires sur lest le chercher, et, par conséquent, payer double fret. »

Les Américains eux-mêmes ne s'effrayent pas de cette concurrence : « Les planteurs des États à coton, dit M. Butler King, en examinant les essais louables du *Coton Supply Association* de Manchester (2), voient sans inquiétude les efforts qu'on fait pour introduire et développer la culture du coton en Asie, en Afrique, en Australie et dans l'Amérique du Sud....

» Un agriculteur ne s'improvise pas. S'imaginer que les Indiens à demi civilisés et les tribus sauvages de l'Afrique peuvent égaler les États du Sud dans la culture du coton, est une prétention aussi déraisonnable que de croire qu'il serait aisé de faire adopter à ces populations les procédés agricoles les plus perfectionnés de la France et de l'Angleterre. On déploie dans la culture du coton autant de science que dans n'importe quelle partie du monde. « Mais le coton, dira-t-on, croît à l'état sauvage sous les tropiques. » La vigne aussi, dirons-nous ; mais en conclura-t-on que les Indiens et les Africains sont capables de se transformer de prime-abord en vignerons français ?...

« On ne peut cultiver avec succès le coton dans le pays où les variations climatériques et atmosphériques se divisent régulièrement en saison sèche et en saison pluvieuse. La trop grande pluie ou la trop grande sécheresse nuisent à la qualité de cette matière textile. Les pluies tropicales activent trop la croissance de la plante ; trop de chaleur ou trop d'humidité font tomber les fleurs et les coques nouvelles. Le climat est donc une des conditions qui importent le plus à la culture du coton, pour laquelle celui des États du Sud est des plus favorables. Des brises chaudes et humides s'élèvent périodiquement de l'Océan ; elles rencontrent les courants d'air froid qui descendent des Alleghanys et des montagnes Rocheuses, et produisent, au printemps, pendant l'été et en automne, des pluies bienfaisantes, qui aident à la croissance et à la maturité de la plante, sans compromettre la qualité du coton. En hiver, les gelées sont assez fortes pour détruire les insectes qui produisent de si terribles ravages dans les plantations des tropiques. Il n'existe, je le répète, aucun pays dans le monde entier qui soit

(1) Déposition devant le Conseil supérieur du commerce.

(2) *Lettre au Ministre du commerce.* Paris, Dubuisson, 1861.

aussi favorable à la culture du coton que les États de la Confédération du Sud. »

Suivant M. Butler King, l'accroissement du rendement des cotons dans l'Inde n'aurait, à tout prendre, pour résultat que l'augmentation de la consommation et de la fabrication.

Le grand marché d'approvisionnement de coton pour l'Europe est donc dans cette zone qui comprend les dix États américains, séparés aujourd'hui de l'Union. (1)

Interdire à son industrie l'accès de ce marché, alors qu'elle ne peut en improviser d'autres, c'est *frapper directement* cette industrie elle-même ; c'est refuser une légitime satisfaction à un intérêt de premier ordre pour la France et pour l'Angleterre, et compromettre l'existence de leur travail *en les rendant victimes d'une lutte à laquelle elles restent étrangères ;* c'est donc un tort dont elles peuvent demander le redressement.

XIII

La liberté que l'on réclame pour le commerce européen rendrait-elle inefficaces les opérations militaires du Nord contre le Sud ? Telle est le second point résultant de la circulaire de M. le Ministre aux Chambres de commerce.

Il est difficile d'admettre que l'introduction dans les ports du Sud des produits ci-dessus désignés de notre industrie nationale et des cotonnades anglaises, soit de nature à porter sérieusement obstacle aux opérations militaires du cabinet de Washington, non plus que le chargement, dans les mêmes ports, comme par le passé, des cotons indispensables à notre consommation. Mais s'il était utile de démontrer le contraire, les considérations qui trouveront place un peu plus bas sur les circonstances du blocus actuel et les conditions dans lesquelles il s'exerce, seront de nature à jeter sur cette partie du débat une lumière assez vive pour qu'il soit superflu d'insister ici sur ce point.

Il ne s'agit pas du ravitaillement des ports du Sud qui, complétement ouverts à l'intérieur, et pouvant communiquer d'ailleurs avec les autres nations par la frontière du Mexique, sont abondamment pourvus des objets nécessaires à leur existence et à leur défense ; il s'agit, dans l'intérêt et suivant le droit des Européens, de laisser le libre cours à un commerce régulier : il n'y a rien dans la continuation de ces pacifiques relations, suffisamment

___

(1) Il ne faut pas oublier que le peuple des États confédérés est essentiellement agricole : il a besoin de nos produits européens, et, comme il n'a pas de marine, le transport de ces produits deviendrait un important aliment pour la marine française. Il serait fâcheux pour les intérêts français de laisser au Sud le temps d'établir des manufactures ; il convient plutôt de se hâter d'ouvrir des débouchés à nos produits en leur assurant les marchés dont des tarifs très protecteurs avaient assuré au nord le monopole.

justifiées, qui soit une cause de trouble ni d'empêchement pour les opérations militaires du Nord.

XIV

L'influence que le blocus américain peut avoir sur les destinées industrielles de l'Europe a déjà été comprise par quelques-uns, et même signalées dans une publication récente (1) qui s'exprime ainsi :

« Au mois de septembre prochain, toutes les productions du Sud seront récoltées, transportées dans les ports du golfe du Mexique et de l'Atlantique ; elles seront prêtes à être livrées au travail industriel de l'Europe et à sa consommation journalière (2).

» Le blocus des ports de la nouvelle Confédération par les Etats-Unis pourrait seul, du même coup, tarir la source des denrées qui alimentent l'industrie cotonnière et réduire considérablement l'exportation de l'Europe.

» Mais l'Europe souffrira-t-elle que les États-Unis, après avoir violé les traités postaux qui leur imposaient l'obligation de transporter les correspondances dans toute l'étendue de l'Union, continuent à mettre obstacle à ses relations commerciales ?

» L'Europe reconnaîtra-t-elle, au risque de porter une sérieuse atteinte aux conditions vitales de son travail manufacturier, à l'existence de sa nombreuse et intelligente population ouvrière, la prétention qu'a le Nord d'établir, contrairement aux règles posées dans le congrès de Paris, le blocus sur quatre à cinq cents lieues de côte, avec une quarantaine de navires de guerre, c'est-à-dire un blocus sur papier au lieu d'un blocus effectif ?

» Cela est inadmissible. »

Et pourtant, cela est. La cour des États-Unis vient de valider, par un arrêt, la prise du navire anglais *Hiawatha*, capturé le 20 mai, pour prétendue violation du blocus à l'entrée de la baie de Chesapeake. Mais cette décision ne paraît pas avoir été rendue par des gens bien sûrs de leur droit, car elle n'a vu la lumière qu'après seize jours de plaidoiries, dans lesquelles on a chaudement et habilement combattu la légalité du blocus.

Et en effet, le blocus est-il effectif ?

C'est la question qui se présente maintenant à notre examen.

(1) *La Révolution américaine dévoilée*. Paris, Dentu, 1861.

(2) On connaît la mesure dictée par la prudence qui a, depuis, fait conserver les récoltes dans les plantations. L'égrenage, la mise en état et le transport jusqu'au quai d'embarquement accroissent de trois mois environ le délai dans lequel on pourra obtenir le coton quand le chargement sera redevenu libre. Cette circonstance augmente encore l'urgence d'une solution.

On a vu précédemment la définition du blocus et les conditions essentielles de sa validité. Comment le Nord les remplit-il ? (1)

Toutes les issues sont-elles gardées et occupées ? C'est aux organes du Nord que nous laisserons le soin de répondre.

« Une goëlette (*Lovejoy*) est *sortie* du port de Galveston (Texas) et y est
» *rentrée* DEUX FOIS, chargée de café et venant du Mexique, pendant les
» mois d'août et de septembre (2). »

« Pendant le mois dernier (août), 14 navires sont entrés à Charleston
» (Caroline du Sud) et 33 à Wilmington (Caroline du Nord). On a collecté,
» dans ces deux ports, des droits de douane s'élevant à 180,000 dollars
» (900,000 francs) (3). »

Le même journal écrit qu'on a appris à Richemond, le 12 septembre, qu'un navire anglais était arrivé le jour précédent à la Nouvelle-Orléans ; que deux navires étaient sortis du même port le 9 et le 10 septembre ; qu'à la même date, deux goëlettes anglaises, chargées de riz et de munitions, étaient entrées à Key-West ; qu'enfin le navire anglais *Alliance*, chargé de munitions de guerre, parti de Saint-John, était entré à Beaufort (Caroline du Sud) dans les premiers jours de septembre.

Il est, du reste, de notoriété publique, que tous les jours il part des navires de Saint-John, de New-Brunswick, des îles Bermudes, des Barbades et d'Halifax, à destination des ports du Sud.

« Le steamer *Sumter* a jusqu'à ce jour (4) fait 75 prises, et a réussi à les
» conduire à la Nouvelle-Orléans, à Berwick-Bay, à Charleston et dans
» d'autres ports. La valeur des prises, sans compter leurs cargaisons, est
» estimée 1,500,000 piastres (5). »

Voilà des ports dont les entrées et les issues sont bien *gardées et occupées* (6) !

C'est que vraiment il est impossible au gouvernement de Washington d'établir le blocus, et M. Lincoln le comprenait si bien, lorsqu'il donnait l'ordre à ses escadres de mouiller dans le golfe du Mexique et sur les côtes

(1) Voir à l'appendice, page 32.

(2) *New-York-Herald*, 17 septembre 1861.

(3) Même journal.

(4) *New-Orleans Delta*, 25 août 1861. .

(5) Le steamer *Nashville*, ayant à bord des commissaires confédérés pour la France et l'Angleterre, MM. Mason et Slidell, a passé en forçant le blocus de Charleston.   (*Dép. télég. de New-York*, 15 octobre 1861.)
Le *Nashville* a en effet forcé le blocus, mais c'est le *Théodora* qui a quitté Charleston, ayant à son bord MM. Slidell et Mason.

(6) Le *Constitutionnel* du 23 octobre annonce que le steamer anglais *Bermuda*, chargé de 7,000 carabines, 10 canons rayés, 60,000 paires de souliers, etc., a forcé le blocus de Savannah. Le *Fulton* ayant dernièrement débarqué à New-York, pour le compte du gouvernement fédéral, une grande quantité d'armes et de munitions, c'est, dit ce journal, une revanche prise par le Sud avec le *Bermuda*.

de la Virginie et des deux Carolines, qu'il affirmait n'avoir d'autre but que de percevoir les droits de douane, refusés par les États du Sud. Qui ne se rappelle l'installation, à bord des vaisseaux de l'Union, des collecteurs de taxes, jusqu'au moment où le major (aujourd'hui général) Beauregard porta le premier coup à l'influence militaire du Nord par la prise du fort *Sumter* ?

La marine fédérale n'est pas, numériquement, suffisante pour établir effectivement le blocus. Nous comptons sur les cartes 80 ports ou embouchures, depuis Norfolk jusqu'au Rio del Norte (1), c'est-à-dire sur une étendue de côtes de plus de 4,000 kilomètres, où les États-Confédérés du Sud peuvent recevoir des navires d'un tonnage important, et en négligeant une foule de petits ports où trouvent un abri des navires de moindres dimensions. Or, la flotte fédérale se composait, avant les hostilités, de 45 navires de guerre seulement, auxquels on a depuis ajouté une cinquantaine de navires marchands (2) que l'on a armés tant bien que mal, et qui sont employés soit comme transports, soit comme auxiliaires pour le blocus.

Le Gouvernement de Washington lui-même sait bien que ce nombre ne répond pas aux exigences d'un blocus sérieux, et il en fait l'aveu public (3) dans les motifs à l'appui des décrets qu'il prépare : « Vu l'insuffi- » sance (4) du nombre des navires de guerre des États-Unis, le Président

---

(1) Norfolk, New-Burn, Beaufort (Car. N.), Ocoracock, Hatteras-Inlet, Bull's-Bay, North-Edisto, Ogeechee, Sunburg, Darien (Géorgie), Santie-River, Saint-Mary's, Wilmington, Georgetown, Charleston, Bonfort (Car. S.), Saint-Helleny, Savannah, Osoball, Sainte-Catherine, Sapelow, Doboy, Saint-Simons, Brunswick, Saint-Andrews, Marandina, Fort-Georges, Saint-Johns, Ferdinanda, Withlaccochee, Vacassar-Bay, Deadmans-Bay, Saint-Joseph's-Bay, Perdido, New-Providence, Sainte-Augustine, Tamboy, Cedarkuse, Saint-Mars, Apiachacola, Canaveral, Mosquito, Indian-River, Chatam-Bay, Charlotte-Harbor, Apalachee-Bay, Saint-Andrews, Pensacola, Mobile, Ship-Island, les trois passes du Mississipi, Lake-Borgne, Black-Bay (Louisiane), Bastien, Atchafalaya, Côte-Blanche, Mermentau, Berwick-Bay, Sabine-Bay, Vermillon-Bay, Calcasieu, Sabine, Saint-Louis, Biloxi, Cédar-Point, Black-Bay (Alabama), Pearl-River, Barataria, Galveston, West-end-Galveston, Indianola, Vélasco, Matagorda, Aransas-Inlet, île de Padre, île de Bayin, Point-Isabel et Rio del Norte.

(2) Les documents officiels communiqués au Parlement anglais (1862) portent à 59 (dont 27 à vapeur) le nombre des vaisseaux de guerre de la marine fédérale employés dans l'Atlantique et le golfe du Mexique : il y en avait en outre 25 dans le Potomac ; on avait acheté 40 navires au commerce, et on construisait 23 canonnières. On sait que 10 de ces canonnières ont été mises récemment hors de service par les batteries des Confédérés.
(*Papers relating to the blockade of the ports of the Confederate States. — Parliament : 1862.*)

(3) L'emperrement récent du port de Charleston est un aveu bien plus formel d'insuffisance. On doit protester contre l'emploi de ce moyen barbare. Un assiégé seul peut y recourir, d'abord parce qu'il fait (à tort ou à raison), un acte de souveraineté sur *son* territoire ou dans ses eaux, et en second lieu parce que c'est peut être, pour lui, le seul moyen d'empêcher son envahissement. Aucun de ces deux cas ne se présente pour les États du Nord.

(4) *New-York-News*, 24 août 1861.

» a décidé que certains ports du Sud seraient déclarés comme n'étant plus
» des ports d'entrée. »

Cette déclaration est grave et mérite une attention spéciale, car elle contient, à elle seule, l'infraction la plus évidente et la plus audacieuse aux règles du blocus effectif. C'est le *blocus sur le papier* que le Nord essaie de dénoncer aux neutres. Vainement il viendrait, pour s'en défendre, soutenir qu'il fait un acte de souveraineté en ouvrant ou en fermant tel port au commerce extérieur. Ce droit n'appartient qu'au souverain, et la question de souveraineté est jugée contre le Nord. Les États-Unis et les États-Confédérés sont *deux peuples, deux belligérants à qui l'on n'entend pas dénier ce caractère* (1). La cour de New-York le reconnaît aussi dans le jugement qui déclare de bonne prise le navire anglais *Hawiatha*, puisqu'elle a repoussé l'exception fondée sur ce chef et présentée à l'appui de la défense.

Il n'y a pas d'équivoque qui puisse donner le change en cette occasion; pas d'interprétation qui puisse modifier le caractère de cette déclaration; vouloir décréter que tels et tels ports du Sud ne seront plus ports d'entrée, c'est y établir un *blocus sur le papier*, c'est-à-dire un blocus non reconnu par le droit des gens; c'est porter illégalement atteinte au libre commerce des neutres pour des marchandises communes qui ne sont pas *de contrebande de guerre;* c'est, en un mot, prendre une mesure « qui équivaut à une rupture violente des États-Unis avec les États européens (2). »

L'hésitation est-elle possible? Ne doit-on pas reconnaître que le prétendu blocus du Nord n'est pas effectif? Qu'il pêche par insuffisance pour les ports où il semble matériellement établi (3), et que, pour les autres, il n'existe que sur le papier? N'en doit-on pas conclure hardiment et sûrement que ce blocus est nul, qu'il ne peut lier les neutres et qu'il ne saurait arrêter désormais des transactions trop longtemps interrompues et abusivement entravées?

XV

A moins de méconnaître les faits et de s'aveugler sur les principes qui précèdent, il semble que la conclusion se présente d'elle-même à l'esprit.

(1) Circulaire déjà citée de M. le Ministre du commerce.

(2) Pétition de la Chambre de commerce du Havre, à M. le Ministre du commerce.

(3) Les dépêches de New-York, du 12 octobre, annoncent en effet que 20 navires de guerre sont envoyés à la Nouvelle-Orléans, dont le blocus va devenir efficace, dit la dépêche. — Une dépêche du 15 octobre, également partie du Nord, apprend que toute cette escadre a été échouée et réduite à l'impuissance par la flotte de canonnières des Confédérés.

On peut, sans se jeter dans les aventures, enrayer, pendant qu'il en est temps encore, la crise industrielle (1) qui menace nos manufactures, et pour cela un mot, une attitude bien accusée, un désir nettement formulé peuvent suffire. Que le commerce, dira-t-on, prenne l'initiative ! Ce serait bien peu connaître le commerce français que de se bercer de cette illusion ; mais n'est-il pas excusable, après tout, quand on voit le commerce anglais, qui ose tant, prendre exemple sur la réserve du nôtre en cette circonstance si critique pour lui. Ce n'est pas une raison pour les imiter dans leur défaillance ; il faut, au contraire, agir pour qu'ils reprennent confiance en se sentant soutenus.

Voyons donc ce qu'il convient de faire.

En le cherchant, nous nous rappelons ces patriotiques maximes de M. Dupin :

« Le commerce n'est une source de prospérité pour un État, dit-il (2), qu'autant qu'il n'en contrarie point la politique ; et il serait nécessairement en opposition avec elle, si quelques particuliers avides refusaient de s'imposer une gêne momentanée, pour acquérir des richesses durables ; et si chacun, ne consultant que son intérêt personnel et présent, s'obstinait imprudemment à devancer, par des spéculations indiscrètes, ce temps si désiré par nous et si habilement préparé par notre gouvernement

> ..... Où nos heureux vaisseaux
> N'auront plus d'ennemis que les vents et les eaux. »

Mais ici rien de pareil ; ce ne sont pas quelques avides particuliers qui voient leur gain compromis, ce sont des millions d'ouvriers auxquels peut échapper le pain de la famille ; ce n'est pas l'intérêt personnel et présent de quelques-uns, c'est le travail et le chômage qui sont mis en question ; ce ne sont pas des spéculations indiscrètes, c'est le labeur de chaque jour qu'il s'agit de ménager et d'assurer ! Ce temps si désiré, prédit par le poète, est arrivé. La Providence n'a pas donné à notre siècle ces merveilleux instruments de travail dont la vapeur centuple les forces et l'activité, pour que des dissensions déplorables, dont la soudaineté non moins que la profondeur ont étonné le monde, les privent d'un de leurs principaux aliments.

(1) Depuis que ces lignes ont été écrites, l'intensité de la crise n'a fait que croître. Nous ne voulons que le constater en passant, et sans entrer, à cet égard, dans des détails inutiles à notre démonstration.

(2) *Dissertation sur le domaine des mers.*

Le droit des gens, le droit public des nations donnent les moyens de conjurer l'orage qui s'approche. La pensée du gouvernement, astreinte dès le début à une réserve et à une prudence nécessaires, ne saurait être douteuse. Dans l'exposé des motifs du projet de loi relatif au service postal entre la France, les États-Unis et les Antilles, on retrouve les lignes suivantes : « Le Ministre des finances dut tenir grand compte (dans ses » négociations) des événements qui agitent les États-Unis et qui peuvent » rendre *plus nécessaire* une communication de la France avec les États » du Sud de l'Union américaine. (1) »

Dans son rapport sur le même projet de loi, l'honorable M. Voruz, organe de la commission du Corps législatif, signale aussi : « l'importance » qu'une ligne sur la Nouvelle-Orléans emprunterait aux événements qui » se déroulent dans l'Amérique du Nord. »

La circulaire de M. le Ministre aux Chambres de commerce (2) s'étend avec intérêt sur la situation faite aux *neutres* par les hostilités qui ensanglantent l'Amérique, et s'occupe des « *limites dans lesquelles le commerce a droit de compter sur la protection du gouvernement impérial.* » Ailleurs, en réponse à la pétition de la Chambre de commerce du Havre, Son Excellence parle « des voies de simples représentations » que peut aborder la France.

Il est évident que la question préoccupe, et il y a certes de quoi. Aussi des correspondances parlent-elles de propositions faites à la France par l'Angleterre, pour faire cesser le blocus; mais pendant ce temps, certains journaux français, méconnaissant les faits, et attribuant la disette de coton à une prohibition du gouvernement de Richemond, tandis qu'elle ne tient absolument qu'aux mesures du cabinet de Washington, ne trouveraient rien de mieux que de se concerter avec M. Lincoln pour enlever de vive force notre approvisionnement à ses légitimes propriétaires, c'est-à-dire à ceux qui, seuls, auraient le droit de le refuser, mais qui n'ont aucun dessein de le faire.

Il est pourtant bien plus logique de procéder le droit en main, et de suivre l'indication toute naturelle qu'il fournit. Le blocus n'est pas effectif, il ne peut pas l'être. Cela établi, le droit de commerce des neutres reste entier, indiscutable; le Nord ne saurait s'y opposer. Pourquoi, dès lors, laisser subsister une menace qui paralyse nos échanges (3) et compromet notre travail?

(1) Mai 1861.

(2) 10 septembre 1861.

(3) La surcharge résultant de l'élévation du prix des assurances est un des effets de cette situation ; on assure en Angleterre moyennant 15 pour cent les chargements à destination des ports du Sud. A la Havane, cette prime est de 7 1/2 pour cent. D'un autre côté, le prix de ces assurances ne montre-t-il pas jusqu'à la dernière évidence mathématique que le risque d'être saisi est inférieur à 1 sur 7 pour les bâtiments venant d'Europe et à moins de 1 sur 14 pour ceux venant de la Havane? Est-ce un danger *imminent?* Est-ce un blocus?

Un seul point a besoin d'être mis en lumière, pour faire cesser cette incertitude : C'est que le commerce sache exactement « le degré de pro- » tection qu'il est en droit d'attendre du gouvernement. » Ce jour-là, le coton affluera — qu'on n'en doute pas — dans les ports du Sud, car nos navires pourront l'y charger sans crainte, à l'abri de cette protection qui ne s'invoque jamais en vain (1).

En formulant nettement sa pensée, en la faisant connaître publiquement, non-seulement le gouvernement aura servi les véritables intérêts français, mais il se sera montré fidèle à nos traditions nationales (2). Ce ne serait pas le moment d'oublier aujourd'hui que « c'est à la France qu'on a l'obliga- tion d'avoir introduit la première des maximes favorables à la liberté du commerce des neutres, et fait connaître d'une manière claire et précise le caractère des véritables marchandises de contrebande (3). »

L'Empereur, par sa déclaration concernant les bâtiments russes et les bâtiments neutres en 1854, comme aussi dans les instructions données par ses ordres aux commandants des navires, n'a-t-il pas témoigné de ses ardentes sympathies pour les principes les plus généreux du droit des gens ? Reconnaissons aussi avec l'honorable et compétent rapporteur (4) d'une pétition adressée au Sénat dans le cours de la dernière session, que « les principes généraux du droit des neutres ont été posés au congrès de » Paris, à l'applaudissement de l'Europe entière. La sécurité revendiquée » par le commerce international a été proclamée, grâce à l'initiative de » la France, dont la politique loyale et désintéressée ne sera sans doute » méconnue en aucun temps ni par aucune puissance. Les déclarations » solennelles des sept puissances représentées au congrès (5) et les acces- » sions subséquentes constituent des résultats considérables et sont autant » de victoires pacifiques. »

(1) Il est si vrai que le blocus n'est pas effectif, mais qu'il agit comme une menace, que des négociants mieux avisés et des capitaines plus hardis vont charger régulièrement dans les ports prétendus bloqués. Cela ne suffit pas pour alimenter nos marchés et influencer le cours de la matière première, mais cela indique clairement tout ce qu'on pourrait faire en donnant à notre commerce maritime de la confiance et de la sécurité.

(2) On a, dans les déclarations officielles, parlé de neutralité. Rien de mieux ; mais n'est-ce pas le cas de se demander si la soumission des puissances à un blocus ineffectif est bien réellement de la neutralité, ou si, au contraire, ce n'est pas un appui indirect donné par elles à l'un des belligérants, en lui fournissant les moyens de nuire à l'autre belligérant, lorsque, livré à ses propres ressources, il serait notoirement impossible au premier de maintenir le blocus ?

(3) *Du commerce des neutres*, par Lampredi (traduit de l'italien par J. Peuchet.) Paris, Agasse, 1802.

(4) M. le baron de Lacrosse.

(5) 16 avril 1856.

L'industrie et le commerce de la France attendent donc avec confiance, mais avec ardeur, que l'œuvre se complète ; ils savent que le gouvernement de l'Empereur ne saurait tolérer, par son silence, une situation anormale, impossible, qui aurait pour résultat de *« réduire à la détresse et à la misère des neutres étrangers à la lutte. »*

APPENDICE

———

Nous empruntons aux documents déposés sur le bureau du Parlement anglais une lettre du comte Russell à lord Lyons ; Sa Seigneurie s'occupe des ports de Charleston et de Wilmington ; il est certain qu'on doit conclure logiquement de sa dépêche que cet homme d'État n'est pas dans les mêmes sentiments en ce qui touche les autres ports, et surtout le blocus de la côte entière : s'il en était autrement, lord John Russell aurait, sans contredit, exprimé de la même façon son opinion relativement à la généralité du blocus. Voici ce document :

N° 116 (1). — *Le comte Russell à lord Lyons*

Foreign-Office, 15 février 1862.

Mylord, le gouvernement de Sa Majesté a pris en considération l'état de blocus des ports de Charleston et de Wilmington.

Il appert des rapports transmis par les officiers de marine de Sa Majesté que, bien que l'escadre bloquant ces ports soit suffisante, plusieurs navires ont réussi à forcer le blocus ; on peut donc soulever la question de savoir si un pareil blocus doit être considéré comme effectif.

Quoi qu'il en soit, le gouvernement de Sa Majesté est d'avis que le blocus ayant été dûment notifié, un certain nombre de navires stationne à l'entrée

(1) *Papers relating to the blockade of the ports of the Confederate States. Presented to both Houses of Parliament by command of Her Majesty,* **1862.**

d'un port, et que ce nombre est réellement suffisant pour en empêcher l'accès, ou pour mettre dans un danger évident les navires qui tenteraient d'y entrer ou d'en sortir, qu'ils ne facilitent point leur entrée ni leur sortie, et que le fait que plusieurs navires ont pu heureusement forcer le blocus (comme dans l'espèce), ne peut en lui-même empêcher que ce blocus ne soit considéré comme effectif par les lois internationales.

La force qui suffit à maintenir un blocus étant toujours une question de fait et d'évidence qui peut faire naître des opinions diverses, un Etat neutre ne doit contester un blocus *de facto* et notifié, qu'avec la plus grande réserve, et ne doit pas le méconnaître avant d'avoir constaté d'une façon générale, avec les autres puissances neutres, que l'Etat qui a notifié le blocus abuse de ce pouvoir (1), soit parce qu'il est incapable de l'établir ou de le maintenir, soit que, pour un motif ou pour l'autre, il n'en ait pas la volonté.

Je suis, etc.,

RUSSELL.

(1) Voici quelques détails extraits des mêmes documents ; ils prouvent que les Puissances seraient dans le vrai en faisant la constatation à laquelle fait allusion lord Russell.

« Du 20 mai 1861 au 30 novembre, il est entré dans les ports suivants 708 navires, savoir : à Charleston, 132 ; à Wilmington, 93 ; à Savannah, 24 ; à Mobile, 56 ; à Ferdinanda, 11 ; à New-Orléans, 392 (jusqu'au 20 août); ainsi que cela résulte des dépêches du consul Bunch et des certificats des collecteurs des douanes américaines dans ces divers ports.

» Un grand nombre d'extraits des rapports des consuls et capitaines anglais démontrent que les navires ne *maintiennent* pas, mais surveillent le blocus, qu'ils sont de véritables croiseurs, et que le blocus est complétement *ineffectif*. »

Paris. — Imprimerie de DUBUISSON et Ce, rue Coq-Héron, 5.   (3740)